AF230026

LE PEUPLEMENT

DE

NOS COLONIES

PAR

CH. LEMIRE

RÉSIDENT HONORAIRE DE FRANCE
CORRESPONDANT ET OFFICIER DE L'INSTRUCTION PUBLIQUE
CHEVALIER DE LA LÉGION D'HONNEUR
LAURÉAT DE L'INSTITUT ET DE LA SOCIÉTÉ DE GÉOGRAPHIE
COMMERCIALE
AUTEUR D'OUVRAGES ADOPTÉS PAR LES ÉTABLISSEMENTS
D'INSTRUCTION PUBLIQUE

PRIX : **0** FR. **50**

PARIS

V. GIARD & E. BRIÈRE

LIBRAIRES-ÉDITEURS
16, Rue Soufflot, 16

1896

LE
PEUPLEMENT DE NOS COLONIES

BIBLIOTHÈQUE NATIONALE — R.F. — IMPRIMÉS

Ik 9
882

OUVRAGES DE CH. LEMIRE

Indo-Chine

Océanie

GUIDE-AGENDA de France en Nouvelle-Calédonie et à Taïti par la voie des deux caps, avec 2 cartes.............. 3   »

L'AUSTRALASIE comparée à la France, avec gravures. Bibliothèque de vulgarisation, rue de Verneuil.

L'INSTRUCTION PUBLIQUE en Australasie. Challamel éditeur. 1   »

Divers

LES COLONIES ET LA QUESTION SOCIALE en France. Challamel editeur, 17, rue Jacob.................................. 1   50

LE PEUPLEMENT DE NOS COLONIES. Giard et Brière éditeurs, 16, rue Soufflot.................................... 1   «
(Ces ouvrages sont destinés aux Conseils municipaux de France)

EXCURSIONS PATRIOTIQUES (Alsace–Lorraine, Domremy) avec cartes, gravures, phototypies (épuisé).

JEANNE D'ARC et le sentiment national. Projet de fête générale. E. Leroux éditeur, 28, rue Bonaparte............. 2   50

Le **BARBE-BLEUE** de la légende et de l'histoire (Le maréchal de Rais et le connétable de Richemont) avec illustrations d'après nature et itinéraires. Même éditeur.... 3   »

L'ÉPISODE DE BARBE—BLEUE (Gilles de Rais) au théâtre. Deuxième édition, Germain et Grassin éditeurs, Angers, Tresse et Stocke, place du Théâtre français, Paris......

Ces ouvrages ont été couronnés par l'Institut, par les Sociétés de géographie; ils sont adoptés par le Conseil de l'Instruction publique, les Ministères, les Chambres de Commerce, la Ville de Paris, la Société Franklin, les Bibliothèques scolaires et populaires

Des réductions de tarif sont accordées aux établissements publics et pour les distributions de prix.

LE PEUPLEMENT

DE

NOS COLONIES

PAR

CH. LEMIRE

RESIDENT HONORAIRE DE FRANCE
CORRESPONDANT ET OFFICIER DE L'INSTRUCTION PUBLIQUE
CHEVALIER DE LA LÉGION D'HONNEUR
LAURÉAT DE L'INSTITUT ET DE LA SOCIÉTÉ DE GÉOGRAPHIE
COMMERCIALE
AUTEUR D'OUVRAGES ADOPTÉS PAR LES ÉTABLISSEMENTS
D'INSTRUCTION PUBLIQUE

PRIX : **0** FR. **50**

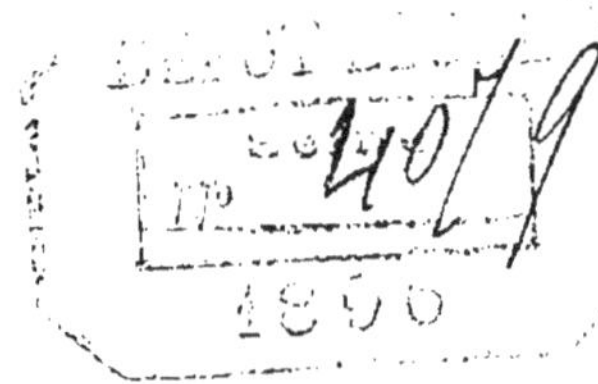

PARIS

V. GIARD & E. BRIÈRE

LIBRAIRES-ÉDITEURS
16, Rue Soufflot, 16

1896

Aux Militaires coloniaux
et à leur Famille
La première part des territoires
conquis par eux pour la France

PREMIÈRE PARTIE

LA PART DES MILITAIRES COLONIAUX
DANS LA COLONISATION

———

SOMMAIRE :

Divers procédés de colonisation. — Colonisation par les
militaires coloniaux. — Projet Rochefort. — Projet Bozerian. — Projet P. Adam. — Soldats et colons pénitentiaires. — Affectation des condamnés aux travaux
préparatoires de la colonisation. — Soldats coloniaux.
— Concessions sur place.— Sociétés d'anciens militaires.
— Misères des soldats libérés à leur retour des colonies.
— Les patriotes sans patrie. — Alsaciens-Lorrains
colons au Dahomey, — en Australie, — à l'étranger, —
à Paris. — Faveurs réservées aux criminels. — Subventions aux criminels libérés. — Appel au Parlement.
— Les Romains soldats et colons. — Colonisation militaire des Russes. — Colonisation militaire des Annamites.
— Colonisation française au Tonkin. — Colonisation
de Madagascar. — Immigration étrangère. — Période
d'attente indéfinie. — Ense et Aratro. — Opinion de
M. Aᵈ. Rousseau. — La pioche substituée au fusil. —
Opinion des Anglais. — Procédés de colonisation française au XVII° siècle. — Plan de colonisation pour et
par les militaires. — Militaires en famille. — Secours
mutuels dans l'œuvre de colonisation. — Jardins de la
troupe. — Petites concessions. — Vauban colonisateur.
— Situation de la France en 1699. — Situation de la

France en 1896. — Les monopoles. — Les religieux colons. — Les trappistes. — Condamnés militaires. — Conclusions à tirer du plan de Vauban. — Ressources nécessaires. — Concessions aux militaires en Nouvelle Calédonie. — Concessions aux fonctionnaires. — Mesures à prendre. — Conclusions.

Divers procédés de colonisation

S'il est une question à l'ordre du jour, c'est celle du *peuplement de nos colonies par des français.*

Nous avons déjà envisagé la colonisation par divers procédés qui ont chacun leur valeur. Ce sont :

1º Les grandes compagnies en projet.

Les agissements des compagnies anglaises royales ou à charte ont montré récemment les avantages et les graves dangers de ces entreprises. Elles peuvent être un « mal nécessaire »; elles peuvent avoir les meilleurs résultats à longue échéance. Elles préparent la colonisation individuelle ;

2º L'immigration individuelle et la colonisation familiale, à capitaux restreints ; c'est celle, à nos yeux, qui est la plus intéressante et mérite le plus d'encouragements ;

3º La colonisation par l'assistance et l'assistance par la colonisation (1) ;

4º La colonisation pénitentiaire par des condamnés de droit commun, des déportés poli-

(1) Voir : *Les Colonies et la Question sociale,* par Ch. Lemire. Challamel, éditeur, 17, rue Jacob, Paris. Prix : 1 fr. 50.

tiques ou des relégués. Le résultat a été aussi onéreux qu'insuffisant et souvent nuisible. Nous en avons maintes fois exposé tous les inconvénients;

5° La colonisation par des militaires congédiés sur place.

Colonisation par des militaires coloniaux

C'est ce procédé qui prime en ce moment les autres et qui mérite une étude spéciale.

La conquête de Madagascar a créé un puissant courant d'opinion en vue de la constitution d'une armée coloniale, de la mise en valeur de nos possessions et des concessions à allouer aux soldats expéditionnaires.

On leur accorde la médaille coloniale avec une agrafe spéciale. C'est le côté honorifique; tout pour la gloire. Et, en effet, ils ont été à l'honneur et la Mère-Patrie leur est reconnaissante.

Ne doivent-ils pas aussi être un peu au profit? N'est-ce pas à eux que revient la première part des territoires conquis par eux?

Projet Rochefort

Des projets ont surgi de divers côtés. Le plus surprenant et le plus suggestif n'est-il pas celui qui émane de M. *Rochefort*?

Ce publiciste ardent n'a jamais été partisan des expéditions coloniales. Il a dépeint nos acquisitions sous les couleurs les plus sombres. Cependant, lui aussi, cherche aujourd'hui à en faire profiter nos soldats et leurs familles. Il disait (le 3o janvier) que son projet lui avait valu de tous côtés de chaleureuses félicitations. Qu'il nous permette d'y joindre les nôtres.

A son instigation, le député socialiste, M. *Gérault-Richard*, vient de déposer au Parlement le projet de loi suivant pour lequel il demandera l'urgence :

Article 1er. — Dans toutes les concessions accordées ou à accorder à des sociétés et entreprises financières, industrielles, commerciales ou agricoles, sur le territoire de la Colonie de Madagascar, une part de propriété équivalente à 33 o/o du capital engagé sera attribuée aux soldats survivants ou aux familles (père, mère, aïeuls, femme, enfants) des soldats décédés qui ont appartenu au corps expéditionnaire.

Art. 2.— Les titres de propriété seront déposés au ministère des finances, qui assurera le recouvrement et la répartition, entre les titulaires, des bénéfices y afférents.

Art. 3. — A la mort des titulaires, ces titres de propriété feront retour à la nation.

Avouons-le de suite, cette proposition ne nous semble pas viable. Aucune de ces sociétés ou entreprises ne consentira à aliéner le 1/3 de son capital ou de ses biens. Elles ne paraissent pas disposées à rendre compte au ministère ni à d'autres de leurs opérations et de leurs résultats.

Il faudrait aussi admettre *à priori* qu'il n'y aura que des bénéfices. S'il n'y en a pas, où sera l'avantage des bénéficiaires du 1/3 ?

S'il y a des pertes, ces intéressés pour le 1/3 y participeront-ils au prorata de leur part ?

S'il y a des bénéfices, comment le ministère opèrera-t-il le recouvrement et la répartition du tiers? Comment faire tenir ces bénéfices **aux familles des décédés ou à leurs héritiers** ?

Les titres attribués aux familles des soldats décédés seront-ils transmissibles par héritage ?

On le voit, l'économie du projet semble fort peu pratique et susciterait tant de difficultés d'application qu'il n'a pas, selon nous, chance d'aboutir.

Projet Bozerian

L'honorable sénateur, M. Bozerian, se borne à demander pour les sous-officiers, rentrant de Madagascar, des emplois administratifs dans la métropole. Il propose de sanctionner par une loi nouvelle un engagement ancien et qui n'a pas été tenu, consistant à *réserver obligatoirement des emplois aux sous-officiers médaillés de Madagascar.* C'est fort bien. Mais s'il n'y a pas d'emplois vacants? Les sous-officiers attendront. Or, ils ne peuvent pas attendre.

Pourquoi donc en faire des employés? C'est la manie bureaucratique qui s'exerce et qui triomphe. Pourquoi n'en pas faire *des colons privilégiés*, et justement privilégiés puisqu'ils auraient payé leur privilège de leur sang?

Pourquoi condamner ces activités et ces intelligences à n'être plus que des ronds de cuir ou des gratte-papier dans la métropole où il y a pléthore?

Encore faut-il qu'il y ait des vacances en grand nombre et en même temps disponibles. Or, ce n'est pas le cas, il y a encombrement. L'attente serait longue et trop souvent trompeuse. C'est donc s'exposer à des illusions.

Soldats et Colons pénitentiaires

Enfin, un publiciste parisien (1) a proposé de former avec le personnel de nos établissements pénitentiaires une armée de soldats et de colons, spécialement affectée à la conquête, à la défense et à l'exploitation de nos colonies.

Que pourrait faire une armée coloniale composée de tous les malandrins, de tous les écumeurs de routes? Que deviendrait le pays qu'ils seraient appelés à conquérir, à protéger, à civiliser? Quel agriculteur, quel commerçant oserait s'établir dans une région livrée à des hordes de bandits armés et indisciplinés? Comment rallier à nous des populations indigènes terrifiées par une semblable invasion?

Quant aux criminels colons, l'expérience a

(1) Paul Adam.

été faite à la Nouvelle-Calédonie et à la Guyane. Nous en avons exposé ailleurs les tristes et onéreux résultats. La colonisation volontaire et libre a été entravée et ne peut se développer dans le voisinage ni des condamnés, ni des relégués, ni des libérés. L'Australie, dont on cite toujours à tort l'exemple, s'est empressée de se débarrasser, par les moyens les plus énergiques, de ses convicts, bien que non armés.

Affectation des condamnés aux travaux préparatoires de la colonisation

Les condamnés ne peuvent et ne doivent prendre part à la colonisation que pour préparer l'œuvre du colon libre. C'est eux qui doivent être chargés des percements de routes, des déboisements, des défrichements, de l'irrigation, des dessèchements de marais, des constructions de toute sorte, en un mot des *travaux publics*. Ils ne sauraient être détournés de leur affectation légale.

Le projet n'entraîne donc que des dangers sans avantages pratiques et doit borner l'emploi des condamnés à la préparation de l'œuvre du colon libre.

De ce que ces trois propositions semblent des utopies, il faut néanmoins retenir les idées qui les ont inspirées, à savoir que nos *soldats* doivent retirer des expéditions coloniales auxquelles ils ont pris part des *avantages spéciaux*. Il y a unanimité sur ce poi t.

Soldats coloniaux

Ce que nous voulons, c'est servir à la fois la cause des soldats coloniaux et celle de la colonisation. Les deux intérêts sont connexes et se complètent l'un l'autre. Nous espérons démontrer qu'il s'agit ici d'un intérêt national.

Concessions sur place

Nous posons en principe l'obligation du *séjour aux colonies*. Ce n'est donc pas aux soldats *rentrés* des colonies que nous voulons voir accorder des concessions; mais à ceux qui sont en service aux colonies et y *resteront volontairement*, ou y retourneront.

C'est aux *familles* des soldats *présents* aux colonies ou décédés aux colonies qu'il y a lieu de réserver des concessions; à la condition que ces familles se rendent sur leurs concessions et y habitent en les exploitant ou en les faisant exploiter par leurs propres moyens.

C'est ainsi qu'ayant d'une part la *terre* et le *bras* qui l'a conquise, on aura d'autre part le *cultivateur* et le *défenseur du sol* mis en valeur. Nous avons la matière première, nous aurons l'instrument et l'ouvrier, la propriété et le propriétaire foncier, le pays neuf et l'élément de peuplement, les planteurs et les milices locales de notre race.

Sociétés d'anciens militaires

Les sociétés d'Alsaciens-Lorrains, de secours aux militaires coloniaux, de colonisation n'ont pas cessé de demander que les militaires libérables aux colonies et désirant s'y fixer soient libérés sur place et pourvus de concessions territoriales.

L'Etat, le budget, les colonies, le soldat et sa famille y gagneraient. On éviterait des dépenses inutiles de transport, des fatigues, des pertes de temps, des situations lamentables, des misères sans nombre.

La légion étrangère se compose de beaucoup d'Alsaciens - Lorrains auxquels l'occupation allemande ferme la porte de leur pays.

Misères des soldats libérés à leur retour des colonies

Combien de fois chaque hiver la presse ne signale-t-elle pas la détresse des soldats médaillés revenant des colonies et congédiés sans ressources ! Il viennent échouer sur le pavé de Paris et font pitié à voir.

Tant que ces militaires appartiennent au corps, ou ils sont hospitalisés ou en cours de voyage. Ils sont l'objet de la sollicitude d'admirables institutions de secours qui se nomment l'Association des Dames françaises, l'Union des

Femmes de France, l'Œuvre des soldats libérés, l'Association des militaires coloniaux, la Fédération des Alsaciens-Lorrains. Ces trois dernières sociétés exercent une action des plus efficaces : Elles reçoivent et accueillent le soldat après sa libération, lui donnent asile, le nourrissent, l'habillent, lui cherchent un emploi. Elles nous épargnent, quoi qu'elles disposent de moyens trop restreints, la honte de voir circuler dans nos villes des soldats revenant des colonies, haves, déguenillés, sans ressources et sans abri.

Les patriotes sans-patrie

Pour les Alsaciens-Lorrains la détresse morale et les difficultés sont plus grandes encore ; car le vainqueur impitoyable leur refuse l'accès de leur pays d'origine. Ils ne peuvent rejoindre ni leur village, ni leur famille. Leur ardent *patriotisme* en fait des *sans-patrie* et cette nouvelle patrie qu'ils réclament c'est aux colonies que la France doit la leur donner.

Environ 2.000 Alsaciens-Lorrains échappent au joug militaire de l'Allemagne.

Alsaciens-Lorrains colons au Dahomey

En ces derniers temps un groupe d'anciens soldats Alsaciens-Lorrains a demandé et obtenu de s'établir au Dahomey. Les Allemands n'ont

pas manqué de faire remarquer qu'on les sacri-
fiait aux dangers d'un climat meurtrier. La *Ga-
zette de l'Allemagne du Nord* du 1er décembre 1895 commentant la concession de terrains
qui a été faite dans le Dahomey à la Fédération des sociétés alsaciennes-lorraines émet
la réflection suivante :

« Si les protégés de la Fédération des sociétés
alsaciennes-lorraines doivent désormais être
installés sous ce climat meurtrier pour tous les
Européens qui travaillent en plein air, on peut
juger par ce fait de la considération en laquelle
on les tient. »

En Australie

D'autres ont essayé en vain de s'installer en
Nouvelle-Calédonie. Les lenteurs et le forma-
lisme de notre bureaucratie les ont découragés.
Ils sont allés se fixer en Australie, près de
Sydney et ils y prospèrent. Ils y forment une
communauté française.

Les vignerons français déjà établis depuis 25
ou 30 ans en Australie ont épousé des Austra-
liennes et ont laissé leurs enfants oublier notre
langue pour adopter celle de leur mère. Les
Alsaciens ont au contraire demandé un de nos
missionaires français établis dans ce pays,
pour donner à leurs enfants l'instruction française.

A l'Etranger

Combien de français s'expatrient au Brésil, dans l'Uruguay, dans la République argentine? En 1895 on en compte 500 qui sont partis de France, de Marseille, pour ces destinations étrangères où pourtant l'on tient si peu compte de nos intérêts, comme nous le voyons chaque jour.

A Paris

Parmi les militaires qui reviennent du service colonial, combien sont exposés à la plus noire misère? L'année dernière, c'est un soldat médaillé du Tonkin qui, à bout de forces, voulait se jeter dans la Seine au pont de Bercy. Deux sergents de ville, anciens soldats, arrivèrent à temps pour empêcher son projet et pour le secourir de leurs deniers.

L'année précédente, deux militaires revenant du Tonkin, congédiés et médaillés, se trouvaient sans pain et sans gîte à minuit, à Aubervilliers. Exténués de fatigue, de faim et de froid, ils allèrent demander asile au commissaire de police qui, sur leur demande, ne put que les envoyer au dépôt. Est-ce là la place de nos soldats et les colonies où ils ont servi avec vaillance ne sont-elles pas l'asile naturel où ils doivent trouver une situation comme colons?

Faveurs réservées aux criminels

En regard de cet abandon, l'Etat se montre plein de sollicitude pour les criminels. Il a espéré les ramener au bien en en faisant des colons. Il leur a réservé, en vertu de la loi pénitentiaire de 1854, les *meilleures terres* de la *meilleure de nos colonies*. Il a dépensé pour eux depuis 30 ans environ 250 millions sans résultat appréciable. Chaque criminel coûte en moyenne pour son entretien 800 à 1000 fr. par an. Qu'on donne cette allocation aux soldats congédiés et l'on verra le parti qu'ils en tireront, en peu d'années (1).

Subventions aux criminels libérés

La chambre a porté en 1895 de 100.000 à 120.000 fr., la subvention accordée aux sociétés de patronage des *condamnés libérés*. On ne peut qu'approuver les mesures prises en leur faveur par le ministère de l'Intérieur ; mais comment ne pas s'étonner que le ministère des Colonies ne puisse disposer que d'un crédit de 60.000 fr. au plus pour peupler de nos nationaux un territoire colonial huit fois grand comme la France et abandonné aux mains de 40 millions d'indigènes, alors que ce domaine

(1) Voir l'ouvrage cité.

pourrait recevoir et nourrir *1 5o millions de français !*

Appel au Parlement

Est-il possible qu'en présence des crédits alloués aux criminels et aux libérés, le Parlement se refuse à accorder quelques subsides aux soldats libérés qui ont vaillamment servi la patrie et qui demandent à devenir colons? Le vice et le crime doivent-ils donc être plus favorisés et mieux récompensés que le travail et l'honnêteté? Ne se trouvera-t-il pas au Parlement un député, un sénateur pour relever ces anomalies, pour prendre en mains la cause des militaires et la cause des colonies et, en faisant servir l'une à l'autre, fonder une œuvre patriotique et nationale: celle de la *colonisation militaire* ou plutôt au profit des militaires libérés, car il ne s'agit pas de coloniser *par le sabre* et d'en revenir aux bureaux arabes ou à une administration militarisée. Nous ne nous occupons que des avantages à faire aux anciens militaires coloniaux, en raison même des aptitudes et des garanties que présente cet élément sur place pour la colonisation libre.

Les Romains soldats et colons

Les Romains ont conquis le monde et ont colonisé leurs conquêtes avec leurs soldats.

Leurs légions étaient cantonnées dans une région dont elle prenait le nom. L'assimilation s'est faite sans secousse et, pour ne parler que de notre pays, la Gaule franco-romaine est devenue, grâce à ces colons-soldats, la France, colonisée et civilisée. Les fils des gallo-romains sont-ils donc incapables d'imiter cet exemple donné au monde entier ?

Colonisation militaire des Russes

Les Russes ont parfaitement compris que c'était le premier et le plus sûr procédé à employer pour peupler de leurs nationaux, pour *russifier* leurs conquêtes en Asie et leurs vastes territoires de Sibérie. Il est important de reproduire sommairement ici les mesures qu'ils ont prises pour cette colonisation militaire et nationale. Il est vrai que c'est de la colonisation officielle ; mais elle reçoit aide et protection, des encouragements éclairés et pratiques. Mieux vaut l'intervention de l'Etat dans la colonisation que la liberté et l'isolement dans le désert.

Dans la région de l'Amour, des le mois de mai 1891, la Russie a prévu que la spéculation sur les terrains par des particuliers serait nuisible et qu'il importait avant tout de peupler ces régions par des éléments choisis et dirigés par l'Etat. Il s'est empressé de les réunir et de les utiliser avec sollicitude.

Le 20 décembre 1894, il met à la disposition du gouverneur de l'Amour des *arpenteurs* et autres agents pour faire le *bornage* et le *lotissement* des terres de cette province. C'est ce que nous n'avons cessé de demander pour nos colonies nouvelles d'Asie et d'Afrique. La première chose à faire est de reconnaître les *terres disponibles*, de les allotir et de les *offrir* aux colons volontaires. A défaut d'arpenteurs, nos officiers peuvent se charger de ces levés, et de ce lotissement.

Le 9 janvier 1895 la Russie alloue des subsides aux colons de la côte nourmane.

Le 17 avril dernier, elle se préoccupe de peupler d'un élément *sûr et national* les terres encore désertes traversées par le chemin de fer transibérien de Wladiwostock à Khabarovska. Pour cela, elle fait *distribuer des lots de terres* aux familles des cosaques émigrant de la Transbaïkalie. Elle les dispense d'impôts pendant trois ans et les allège pendant cinq ans du service militaire. Sa force militaire n'en a nullement souffert. Loin de là, elle peut compter sur ces recrues pour la défense du sol.

Elle crée pour ses nationaux des écoles, des hôpitaux, des asiles, un service des ponts et chaussées et des forêts dans ces vastes régions

Colonisation militaire des Annamites

Prenons un autre exemple chez un peuple inférieur en puissance et en civilisation, mais doué du génie colonisateur : Les Annamites qui n'ont pourtant pas l'esprit militaire, mais qui sont une race expansive, ont colonisé le pays des Kiams, c'est-à-dire l'Annam du littoral, puis le pays des Moïs, des Pouthai, des Cambodgiens et même le Laos central au moyen de miliciens colons. Ils envoyaient ces soldats colons volontaires, appelés *Linh-mo*, occuper les territoires libres et les défricher. Les colons restaient enrôlés et enrégimentés sous les ordres d'un *Kinh-ly*, sous-préfet civil et militaire. Dès qu'un groupe avait fondé un centre de colonisation, on formait des villages, et des cantons. Ceux qui possédaient les défrichements les plus étendus, le plus grand nombre de têtes de bétail, étaient nommés les chefs de ces villages, et constituaient le conseil communal des notables.

En cas de danger, les colons ayant rang de *doi* (sergent) rassemblaient leurs hommes et les groupaient autour du Kinh-ly. Quand tout danger avait disparu, le district du Kinh-ly devenait un *huyen* ou sous-préfecture ordinaire. Un groupe de districts formait bientôt une préfecture hors frontière (1) et le pays s'organisait ainsi peu à peu au profit des *miliciens colons* devenus propriétaires, et le royaume y trouvait grand profit.

Nos soldats français ne valent-ils pas les annamites et ne sont-ils pas capables du même effort?

____

(1) Dong phu.

Colonisation française au Tonkin

La Chambre française d'agriculture du Tonkin demande au Protectorat d'attirer dans le haut pays, des cultivateurs français et d'y fonder des *communes françaises*. Ce haut pays forme, comme autrefois en Algérie, les territoires militaires. Ils sont administrés par des militaires revêtus des fonctions civiles. Ils sont dirigés par des hommes comme les colonels Laurent, Pennequin, Galliéni, Servière, etc., qui ont facilité la reconstitution des villages indigènes et qui seconderaient admirablement la formation de *villages français* composés de militaires libérés ou en congé renouvelable.

Dans les territoires militaires le Protectorat fait aux Annamites et aux diverses peuplades qui reconstituent leurs villages, des avances de riz, de semailles, de buffles pour labourer. Ne pourrait-on faire ces mêmes avances à des *cultivateurs français* qui entreprendraient les cultures riches, c'est-à-dire le café, le coton, le thé, la canne à sucre, l'indigo, le jute, etc., etc. ? Ils auraient sur les Annamites, l'avantage d'employer des semences meilleures venant de Birmanie, d'Egypte, de Lombardie et la machinerie agricole élémentaire, presses hydrauliques, machines à égréner, à décortiquer, et tous les instruments propres à la préparation et à l'exportation des matières premières et des produits bruts. L'élevage du cheval, du bétail, n'est pas dans les habitudes annamites. Les colons français y réussiraient. Les haras et les jumenteries du Tonkin leur fourniraient les renseignements et les premiers éléments. Les jardins d'essai de Hanoï et Saïgon leur procureraient les graines, semences et plants. Les indigènes, leur apporteraient la main-d'œuvre à très bon marché. Ces indigènes pouraient même être payés en nature nourris sur le sol et intéressés dans les exploitations. C'est une sorte de métayage qui exige une mise de fonds pour l'achat des buffles, la construction des cases et pour attendre la première récolte. Il est vrai qu'on en fait deux par an. Il ne faut pas de gros capitaux pour tenter ces entreprises modestes et les développer peu à peu,

Colonisation de Madagascar

En ce qui concerne Madagascar, une notice toute récente du service des renseignements coloniaux nous apprend que le tabac vient très bien à Madagascar; malheureusement on le prépare fort mal. De ce côté, il y a certainement beaucoup à faire.

Enfin, sous le rapport des plantations, la notice recommande aux colons désireux d'entreprendre ce genre d'exploitation, « d'apporter la plus grande prudence, car les tentatives faites jusqu'à ce jour ne sont pas encore suffisamment concluantes pour servir de base à des règles certaines.

2.

« Le sol, le climat, la main-d'œuvre, les moyens de transport varient avec chaque région. Avant d'engager leurs capitaux, les colons feront donc bien d'en faire, *sur place, une étude attentive*. Ce conseil s'applique à la culture du caféier, du cacaoyer, de la canne à sucre, du riz, du manioc, du maïs, du blé, de la vigne, du giroflier, de la vanille, etc.

« Il y a des pommes de terre à Madagascar, mais elles sont mal cultivées. *Avis à qui voudra tenter fortune* ! »

Est-ce que des militaires ne pourraient pas entreprendre ces cultures de pommes de terre, de maïs, de tabac, etc? Alors pourquoi ne leur donne-t-on pas, *sur place*, les facilités nécessaires ? Pourquoi dissuader, décourager les bonnes volontés ?

Immigration étrangère

Outre les créoles de la Réunion, qui méritent des encouragements spéciaux, des indiens, des chinois, des cafres débarquent à Madagascar par chaque navire. Des mineurs du Sud africain s'y rendent en même temps que des anglais, des américains, des allemands dont l'immigration est *à surveiller*. On leur donnera peut-être des concessions à bas prix. Ne fera-t-on rien d'abord pour nos soldats qui auront servi dans

(1) Voir ma lettre aux ministres publiée le 30 novembre 1895.

notre possession et qui voudront s'y fixer ? Puis
qu'ils sont sur place (1), ils peuvent sans plus
tarder *tenter fortune.* Pourquoi toujours ajour-
ner ces tentatives ? Pourquoi ne pas *franciser*
nos colonies où n'affluent que les *étrangers* ?

Période d'attente indéfinie.

Depuis 1871, depuis qu'après nos désastres
la colonisation est devenue un *besoin social,* on
nous répète « qu'une période d'attente s'impose. »
C'est le conseil que donnait à la Chambre
M. Hubbard le 25 janvier, au sujet des travaux
du Tonkin.

Les travaux des français attendent et ceux des
anglais, pour pénétrer partout, avancent chaque
jour. Les projets de colonisation attendent et
les colons français attendent et souffrent. Cette
attente indéfinie se change en désespoir et l'on
dénigre les colonies.

Ense et aratro.

« Une colonie, a dit Mr A. Rousseau, à la
« même date, se développe avec d'autant plus
« de sûreté et de rapidité qu'elle est mieux ou-
« tillée au début. » Avec l'outillage, il lui faut
l'ouvrier, le metteur en œuvre : l'outil ne va pas
sans le bras qui l'utilise. Envoyons-lui les bras
disponibles.

Opinion de M. Rousseau

« Il faut, dit encore M. Rousseau, faciliter

« nos moyens d'expansion au dehors, car il y a
« en France trop de forces, trop d'activités qui
« se perdent stérilement faute d'un champ d'action.» Ces affirmations émanant d'un ingénieur,
d'un sénateur, d'un gouverneur général, d'un
sous-secretaire d'Etat des colonies sont d'autant
plus à retenir qu'il ajoute en prévoyant la fin
de l'ère des combats: « Nous tenterons de sub-
stituer la pioche au fusil. »

En Cochinchine au début, 1600 soldats français seulement gardaient à eux seuls les 2 millions d'indigènes des provinces conquises, malgré les rebelles et un camp retranché de 15.000
soldats annamites à 14 kilomètres de Saigon.
C'est pourtant par ces hommes qu'a été cons-
truit le premier bâtiment qui était un vaste hô-
pital.

Opinion des anglais.

Voici comment un journal anglais, *la Free-
press de Singapour*, signalait le fait en 1861 :
« Malgré le voisinage de l'ennemi, les français
« ont réussi, la pioche et la truelle d'une main,
« le sabre ou la carabine de l'autre, à bâtir des
« hôpitaux pour plusieurs centaines de malades
« et à créer plusieurs milles d'excellentes routes. »

Ces mêmes hommes ne sont-ils pas capables
de créer des routes, des constructions et des
plantations dans des colonies plus saines et moins
torrides? Ne sauraient-ils pas mettre en prati-

que la devise de Bugeaud : *Ense et aratro* à
Madagascar, en Calédonie, dans le haut bassin
du Fleuve rouge, en Afrique comme en Asie.

Procédés de colonisation française au XVIIe siècle

Les projets de colonisation militaire ne datent pas d'aujourd'hui et ont eu précisément pour objectif Madagascar dont l'opinion publique demande la mise en valeur au profit de nos nationaux.

On se rappelle comment les ministres de Louis XIV favorisaient la colonisation : dès 1684, la Compagnie française des Indes faisait publier et *afficher* partout *à Paris* et *dans les provinces*, les avantages offerts aux français de toute classe qui voudraient aller coloniser *Madagascar*. Elle avançait les frais aux partants et en outre couvrait la dépense du voyage depuis le lieu de résidence jusqu'au lieu d'embarquement, à raison de trente livres par homme. Il n'y avait alors ni chemins de fer, ni vapeurs, ni télégraphes, ni postes, ni conserves de viande, ni canal de Suez, ni autres facilités modernes. La France démocrat·que est-elle donc plus arriérée ou moins soucieuse que la France monarchique du sort de ses enfants ? N'est-ce pas de nos jours et pour nous·que l'empire colonial français a été reconstitué

Plan de colonisation pour les militaires

Quinze ans plus tard fut conçu un remarquable « plan de colonisation pour les militaires » en vue de « *peupler et de développer en peu de temps nos colonies,* » et principalement le Canada, la Louisiane, et Saint-Domingue, si lamentablement abandonnées à d'autres.

Il s'agit d'abord de faire choix du pays à coloniser. Nous trouvons dans le projet d'excellentes indications qui sont encore et seront toujours vraies.

Nous devons ensuite nous préoccuper du choix des colons. On les trouverait parmi les *militaires libérables des troupes coloniales.* Ces troupes seraient formées de volontaires et surtout de *gens de métier et de cultivateurs.* Pendant les dix premières années, l'Etat allouerait aux soldats colons une somme de 60.000 francs pour leur outillage.

Un tiers des bataillons serait occupé au service militaire, un tiers aux défrichements, un tiers aux plantations.

Rappelons à cette occasion qu'en France la main d'œuvre militaire est accordée annuellement pour les travaux des champs, moissons, vendanges, greffage et sulfatage des vignes, etc. Le nombre des militaires mis à la disposition des cultivateurs pour les cultures et les vignobles est de 12 o/o pour l'infanterie et de 6 o/o

pour la cavalerie au maximum. On ferait de
même aux colonies en considérant cette proportion non comme un maximum ; mais un *mini-
mum*.

Enfin nous avons à assurer à nos soldats
coloniaux des avantages sérieux et spéciaux :
« Nous admettons que 200 à 250 hommes tra-
vaillant seulement *20 jours par mois* et *8 heures
par jour* auront défriché en un an 5500 hectares
à la pioche d'abord, à la charrue ensuite. Ces
5500 hectares seront *à partager* entre les militaires libérés qui voudront rester dans la
colonie, soit 22 hectares pour chacun des
250 défricheurs. Les militaires coloniaux ne
seraient astreints à séjourner aux colonies que
cinq ans. Ceux qui se fixeraient dans le pays
continueraient à *toucher leur paie* pendant
cinq ans. En dix ans, les villes doivent être
formées et pourvues de gens de tout métier
selon la peine et les soins que ceux qui seront
chargés de l'administration s'en donne-
ront, aidés de quelques *dépenses* de la mère-patrie.

Quant à la colonie elle-même, elle doit être
au bout de *quinze ans* en état de se soutenir elle-
même et formée de hameaux, villages, bourgs
et villes. »

L'auteur de ce plan estime que sur *six bataillons* de 250 hommes soit 1500 hommes, il en
resterait dans la colonie un tiers ou même la
moitié après les premiers cinq ans de séjour
exigés. Or, nous avons 6.000 hommes à Mada-

gascar, autant au Tonkin et 1500 en Nouvelle-Calédonie.

Militaires en famille

« Non seulement les militaires coloniaux seraient autorisés à se marier ; mais les familles des soldats mariés seraient embarquées avec eux et séjourneraient comme eux aux Colonies. Il y a en France plus de femmes que d'hommes, et elles ne trouvent pas toutes à se marier. Les soldats continuent pendant cinq ans à toucher leur paie de sept sous par jour. Il serait alloué aux femmes trois sous et la ration pendant ces cinq années de premier établissement. »

Dans les armées coloniales des Indes anglaises et des Indes néerlandaises, un grand nombre de militaires sont mariés. Des dispositions spéciales sont prises pour le logement des militaires mariés, pour leur installation et des avantages sérieux sont attribués aux familles.

Les officiers des armées coloniales ont presque tous une famille. Quant aux troupes indigènes, il y a bien peu d'hommes qui ne soient accompagnés de leur famille ; mais nous ne nous occupons ici que des européens.

Comme dans les services de la gendarmerie, de la douane, des forêts, de la garde républicaine, les militaires coloniaux auraient donc auprès d'eux leur famille. En supposant que sur les sept cent cinquante soldats libérés restant dans la colonie, il y en ait cinq cents ayant femme et quatre enfants, le nombre des membres des familles serait doublé tous les trente ans.

« Une colonie qui aurait été peuplée de 15.000 français seulement en 1700, aurait eu 100.000 habitants en 1730; en 1850, elle aurait compté 1.600.000; en 1880 — 3.200.000; en 1910 — 6.400.000 et en 1970 vingt-cinq millions ! »

« Ces habitants étant bien ménagés, pourraient peupler et remplir leur pays d'adoption d'un plus grand nombre de peuples qu'il n'y en avait dans la vieille France, en moins de 250 années sans grande dépense ni sans en affaiblir la métropole en rien que ce soit, parce que, suivant cette supposition, les gens qui seraient employés à former et à développer les colonies, seraient tous soldats, pris parmi ceux que l'Etat entretient dans la métropole et qui n'y ont pas de famille, parce qu'on ne leur permet pas de se marier. »

Secours mutuels dans la Colonisation

Il est recommandé ensuite aux « Communautés ou groupes de colons français, de prêter un secours mutuel aux habitants qui bâtiront des maisons, ce secours consistant à voiturer le bois, la pierre, les matériaux, en la place de celui qui voudrait bâtir, ainsi que cela se pratique en Alsace, où l'on ne saurait croire le bien que cela fait. »

Hélas, pauvres Alsaciens qui êtes aujourd'hui forcés d'appliquer vous-mêmes sur des territoires lointains, les exemples que vous nous avez donnés, il y a deux cents ans, sur notre sol momentanément occupé par l'étranger!

Si encore, vous aviez toute facilité pour coloniser en terre française; mais pourquoi faut-il que ce soit en Australie et sur la terre étrangère!

Le plan que nous exposons embrasse aussi les détails :

Jardins et petites concessions

Dans les conseils donnés aux soldats colons, il faut qu'ils commencent d'abord par faire des jardins potagers, par essayer quelques cultures Nous savons bien que partout dans nos colonies chaque poste a son jardin, le *jardin de la troupe,* auquel on affecte quelques jardiniers et quelques hommes de corvée. On vient de créer à Cambrai un potager de 4 hectares pour la troupe et cet exemple se multipliera. Nous voudrions que dans chaque colonie des *réserves* soient sans tarder constituées près des centres de garnison et que le lotissement en soit fait parmi les soldats qui voudraient les cultiver et qui les *obtiendraient* ensuite en concession. C'est le meilleur moyen d'attacher les hommes au sol, au pays, de les engager à y rester.

En attendant, ces jardins améliorent l'ordinaire et sont une salutaire occupation et la meilleure préparation à la mise en valeur du sol colonial.

Dans ce plan général, rien n'est laissé au hasard et à l'imprévoyance : les conditions d'embarquement, de la traversée sur mer, du débarquement, sont étudiées avec la sollicitude d'un chef éclairé et dévoué à ses soldats. On y trouve un « état raisonné des provisions les plus nécessaires quand il s'agit de donner commencement à des colonies extérieures. » On indique d'une façon complète tout ce qui est nécessaire aux nouveaux colons. Tout est prévu d'avance.

Un long voyage sur mer, par voiliers, était chose pénible à cettte époque où le scorbut et autres maladies provenaient du défaut de vivres frais ou de conserves mal préparées, nauséabondes, du manque d'installation à bord, de la longueur du voyage, etc.

On voit que ce *plan de mobilisation coloniale* n'est pas une utopie. Le moment paraît venu de l'appliquer; mais ce serait rompre avec la routine, ce serait une innovation effrayante pour nos bureaucrates et pour les esprits étroits.

Et puis, il faudrait faire quelque dépense. Nous avons bien 9 millions à dépenser par an pour les forçats et la colonisation pénale ; mais pour nos colons libres, pour les soldats colons, voudra-t-on leur allouer seulement un million ?

Vauban colonisateur

Peut-être trouvera-t-on ce projet ou trop audacieux ou trop naïf? On croira peut-être qu'il émane d'un auteur étranger aux choses militaires, aux exigences de la discipline et de la guerre? On sera vite détrompé quand j'en aurai cité l'auteur : c'est un ingénieur, commissaire général des fortifications, brigadier général des armées du roi, c'est *Vauban*. Il se reposait des fatigues de la guerre en s'occupant de projets d'utilité publique sur lesquels il a laissé 12 volumes in-fol. d'importants mémoires. C'est ce qu'il appelait si modestement « mes oisivetés. »

Celui que nous venons d'analyser a pour titre : « Des moyens de rétablir et d'*accroître en peu de temps nos colonies*. » » Il est du 28 avril 1696 (1). Il faut croire que cette œuvre fut mieux goûtée que celle relative à la dîme ; car Vauban fut fait maréchal de France en 1703, quatre ans après la composition de son plan de colonisation. Cent ans après, le grand Carnot prononçait son éloge public.

Situation de la France en 1699

A l'époque où fut rédigé le plan de Vauban, le traité de Ryswich semblait avoir assuré une

(1) Imprimé en 1843.

paix durable. Nos frontières étaient bien dé_
fendues par la ceinture de fortifications dont le
système a conservé le nom de l'auteur. Nos
armées étaient victorieuses et bien organisées.
Quoiqu'on ne vît pas comme au temps pré-
sent la population décroître dans une alarmante
proportion, le roi décernait des primes aux
familles chargées d'enfants. Des réductions de
taxes leur étaient accordées et le père de douze
enfants était exempté d'impôts. Rien ne faisait
prévoir les revers de la fin du règne, les désastres du xviiie siècle, la perte de nos plus belles
colonies sous Louis XV (1763), et la doulou-
reuse séparation de l'Alsace-Lorraine un siècle
plus tard.

La France avait une exubérance de force et
de puissance qui commandait l'expansion. Les
troupes s'étaient distinguées aux Indes, au Canada, à la Louisiane, aux Antilles, à Madagascar.

Situation de la France en 1896

Cette situation et ce besoin d'expansion colo-
loniale avaient frappé Vauban. Il semble que
ce mémoire datant de 200 ans est écrit *d'hier*.
Il a d'autant plus d'actualité que la France,
pour se relever de ses désastres, est devenue une
nation armée à l'état permanent, et que d'autre
part nos industries, si florissantes avant la ré-
vocation de l'Edit de Nantes, n'ont plus au-

jourd'hui la prépondérance et manquent de débouchés.

Les Monopoles

Vauban admet à juste titre les *syndicats*, les associations coloniales; mais il repousse avec énergie les *compagnies à charte* et les monopoles.

Les religieux colons

Il recommande « de bannir les moines rentés *et la chicane* »; mais de maintenir les *moines mendiants*, qui sont des travailleurs.

Cette opinion du maréchal n'est-elle pas curieuse au moment même où un pressant appel vient d'être adressé aux trappistes de Staouëli pour les engager à entreprendre à Madagascar des travaux de colonisation?

Les Trappistes

Certes nous admirons l'œuvre de ces moines et nous la considérons comme un salutaire exemple à imiter. Mais les trappistes qui ont aussi tenté la colonisation en Nouvelle-Calédonie y ont renoncé au bout de peu d'années. Il y a lieu de constater que ces sociétés religieuses ne travaillent que pour leur ordre. Les moines ne font pas souche de français, ne peuplent pas et ne développent pas un pays malgré tout le bien qu'ils peuvent y faire.

Mieux vaut donc des colons libres et des familles, à une époque où la natalité décroît de façon à compromettre l'avenir de la race. La proportion d'accroissement prévue par Vauban ne serait plus exacte aujourd'hui où trop de ménages dérobent à la patrie son patrimoine naturel et privent la métropole de ses enfants, en tarissant les sources de la vie.

Aux colonies au contraire, les conventions sociales et pécuniaires ne sont plus les mêmes. Ce n'est pas le règne de Saturne dévorant sa progéniture ; c'est le règne de Cybèle qui nourrit ses enfants, de Cérès et de Bacchus qui les enrichissent et les réjouissent en leur donnant le blé, le café et la vigne.

Condamnés militaires

En Algérie, au début, les trappistes et les colons ont été aidés pour leurs constructions et leurs défrichements par des escouades de *condamnés militaires*. Il y a lieu d'appliquer encore ce système en faveur de tous ceux, militaires et civils, qui veulent entreprendre des plantations.

Conclusions actuelles du plan de Vauban

Vauban conseillait aux soldats colons d'imiter le système de mutualité pratiqué par les Alsaciens et Lorrains pour les travaux d'exploitation nouvelle.

Que penserait-il s'il voyait aujourd'hui l'Alsace et la Lorraine retombées aux mains de nos ennemis, ses habitants opprimés et chassés de leur pays, servant au dehors comme soldats de la France qui ne leur réserve pas dans ses colonies une nouvelle patrie !

Que penserait-il en voyant créer l'indispensable *armée coloniale* sans que les soldats qui en font partie puissent espérer s'établir avec leurs familles sur les territoires qu'ils auraient conquis ou pacifiés !

Toute la stratégie de Vauban et de Carnot suffirait-elle à faire le siège d'une bureaucratie plus arriérée qu'en 1699, au temps des Colbert, des Seignelay, des Dupleix, des Labourdonnais, des Montcalm et de tous les promoteurs ou les défenseurs de la puissance coloniale de la France !

Ressources nécessaires

Evidemment on ne saurait coloniser avec des Invalides, des fainéants, des vagabonds, des mendiants et encore moins avec des malfaiteurs. La colonisation ne peut pas non plus réussir avec des gens *sans ressources*.

Or quel est le problème a résoudre ? D'une part les colonies *offrent des terres disponibles* et sans maîtres, un sol riche restant en friche.

Nos nationaux *offrent les bras*, l'instrument nécessaire pour mettre le sol en valeur.

C'est à la métropole d'aider ces forces vives en quête d'emploi, de leur donner les premiers subsides, les *premières avances* d'établissement.

Aux criminels qui essaient de devenir colons on a accordé une maison, des champs défrichés, des semences, des bêtes de labour, des ustensiles, et la ration de vivres pendant dix-huit mois. Les forçats nous ont coûté depuis vingt ans 200 millions.

Nous donnons des avances remboursables aux villages tonkinois.

Ne pouvons-nous, comme le proposait Vauban, donner à nos soldats libérables ou libérés aux colonies *cinq ans de solde* à dater de leur libération? Ne pouvons-nous leur donner les mêmes facilités qu'aux criminels, c'est-à-dire, avec les champs défrichés par les prisonniers, des semences, des outils, et la ration?

Concessions militaires en Nouvelle-Calédonie.

En novembre dernier, M. Feillet gouverneur de la Nouvelle-Calédonie a pris un arrêté accordant aux soldats congédiés dans la colonie et possédant les ressources nécessaires, c'est-à-dire 2 à 3000 frs, les mêmes concessions qu'aux colons civils c'est-à-dire 10 hectares de terre dont 5 destinés à la culture du café et pouvant donner en dix ans un revenu de 8 à 10000 francs.

Vingt et un soldats avaient demandé à béné-

3.

ficier de ces avantages en novembre 1895 et huit d'entre eux étaient déjà installés sur leurs lots de terrains où ils cultivent le café. Un tiers des terres disponibles est réservé à ces militaires.

Concessions aux fonctionnaires.

De même des concessions ont été offertes aux fonctionnaires, en résidence dans la colonie et leur seront délivrées cinq ans avant l'époque où ils quitteront le service.

Il faut en finir avec ce préjugé que nos fonctionnaires ne peuvent faire valoir leurs économies et leur ressources dans les colonies où ils servent. Tous les fonctionnaires anglais ont des intérêts dans les colonies qu'ils habitent. Il doit en être de même dans nos possessions. Si notre domaine colonial reste stérile, qu'allons-nous faire dans cette galère?

Mesures à prendre.

Les ministres de la Guerre et de la Marine ont fait déjà un appel platonique aux militaires congédiés qui voudraient prendre leur retraite aux colonies et leur ont promis des avantages spéciaux; mais ces militaires n'ont été ni aidés, ni dirigés. On les *décourageait* d'avance. Le ministre des Colonies chargé de la mise en valeur de nos possessions est le protecteur et tuteur légal des militaires qui désirent s'installer dans nos possessions. C'est à lui à édicter les mesures pratiques propres à leur faciliter cette installation partout où nous entretenons des troupes coloniales, partout où flotte notre pavillon.

Des conditions de faveur doivent surtout être faites aux militaires mariés ou qui se marient dans la colonie. Ils feront souche de colons rançais dans leur pays d'adoption.

Un grand nombre de jeunes gens demandent à servir dans les colonies où l'on n'est astreint qu'à un an de service. Il y a là une pépinière excellente.

Conclusions

Nous avons vu à l'œuvre les soldats coloniaux; quel meilleur élément de colonisation peut-on souhaiter ?

Ils sont robustes, honnêtes, travailleurs, industrieux, disciplinés. Leur séjour au corps les a acclimatés et leur a fait connaître et aimer le pays. Ils s'y fixent en connaissance de cause. La métropole économise les frais de leur rapatriement. Elle trouve en eux à l'heure du danger les *défenseurs attitrés*, les milices éprouvées et solides, qui maintiendront sans dépense, la sécurité ou la rétabliront.

La France peut espérer faire avec ses soldats, cultivateurs, artisans, dans des pays riches et fertiles comme nos possessions de l'Indo-Chine, de l'Océanie, de Madagascar, ce que la Russie fait dans les territoires de Sibérie, sous un rude climat, avec des Cosaques de la Transbaïkalie.

Si le Parlement examine les projets proposés par les députés et sénateurs que nous avons cités, il reconnaîtra qu'ils n'offrent qu'un palliatif peu pratique.

Nous demandons, au contraire, que des *concessions de terre* soient réservées dans nos colonies de peuplement *aux militaires coloniaux* libérables qui y servent et qui veulent s'y fixer; qu'on leur accorde les *modiques ressources* nécessaires pour s'y établir avec leurs familles.

En le faisant, on peuplera nos colonies d'un élément de choix, d'honnêtes travailleurs; on mettra en valeur notre domaine colonial; la métropole retirera un profit certain de ses avances. Enfin on reconnaîtra ainsi sur place les services rendus par nos braves troupiers coloniaux qui ont combattu pour la France, qui lui ont assuré au prix de leurs sueurs et de leur sang, un superbe domaine colonial, et qui ont porté au loin dans les pays nouveaux son glorieux pavillon.

Ces soldats ont été à la peine et à l'honneur, n'est-il pas juste qu'ils soient au profit? Terminons donc par cet appel patriotique et ce conseil pratique de M. L. Brunet, le sympathique député de la Réunion, au sujet de la colonisation et de la défense de Madagascar :

« Place, dit-il, aux soldats expéditionnaires, « place aux Alsaciens-Lorrains prêts à tous les

« sacrifices, même à tous les exils, pourvu qu'ils
« travaillent et puissent vivre à l'abri du dra-
« peau de France! Place à toutes les bonnes
« volontés, à tous les courages! Voilà ce qu'il
« faut. »

« Le Gouvernement, loin de fermer les portes
« de notre colonie, doit les ouvrir toutes grandes
« et permettre l'accès et l'établissement dans le
« pays à tous les français de partout, qui veu-
« lent y venir. »

Nous espérons que le crédit de 270.000 francs
affectés d'abord à une magistrature aussi lu-
xueuse que prématurée, servira à doter la colonie *d'arpenteurs* qui lèveront, allotiront et ré-
partiront les terres disponibles. Les *bras* ne se
feront pas attendre et bientôt la « Nouvelle
France orientale » sera peuplée de bons français.

DEUXIÈME PARTIE

LE ROLE DE LA VILLE DE PARIS DANS LA COLONISATION

—

presse coloniale. — Le sou de la colonisation. —
Bureau municipal de colonisation. — Projet de résolution. — Exposé des motifs. — Conséquences du
projet et conclusions.

« La *question coloniale,* disait le marquis
de Vogüé en mars 1895, est un corollaire de
la *question « sociale »* ; celle-ci se résoudra en
partie par celle-là. »

Qu'est-ce à nos yeux que le socialisme, si ce
n'est l'application de toutes les mesures économiques propres à améliorer notre état social
actuel ?

Quelle que soit la situation de l'individu, du
citoyen, nous sommes tous solidaires dans la
société dont nous sommes les membres.

Au milieu du mouvement qui entraîne nos
sociétés modernes, nul de nous n'a le droit de
demeurer immobile, indifférent ou inerte.
Aussi, la question sociale préoccupe-t-elle
toutes les assemblées électives, à commencer par
les *Conseils municipaux.* La municipalité parisienne compte dans son sein un grand nombre
d'élus que ces questions passionnent et qui en
cherchent avec 'ardeur les meilleures solutions.

Un grand nombre de municipalités provin-
ciales se livrent aux mêmes aspirations.

Si l'une des solutions à chercher doit se
trouver dans la colonisation, il en résulte que la
question *coloniale* doit préoccuper les municipalités au même titre que la question *sociale.*

La municipalité de la capitale ne saurait donc se désintéresser de ces études et son but doit être d'en rechercher les applications pratiques.

Pour atteindre ce but, elle doit agir de concert avec les pouvoirs publics. C'est aux municipalités et non au Gouvernement que s'adressent, de préférence, les administrés, les candidats-colons. C'est donc aux municipalités à stimuler l'inertie des gouvernants, à s'entendre avec les services compétents pour obtenir satisfaction au nom de leurs ressortissants.

Plusieurs conseillers désirent créer à l'Hôtel de Ville une commission du travail, « un véritable *Ministère municipal du travail* », dit M. A. Grébeauval.

Pendant la période de conquête, l'expansion coloniale a servi de tremplin politique entre les partis. Aujourd'hui des acquisitions ont été faites au sujet desquelles il n'y a plus lieu à discussion.

Nous avons des champs en friches.

Nous avons des bras pour les exploiter.

Laisserons-nous le champ abandonné ?

Laisserons-nous les bras sans travail ?

Laisserons-nous l'outil sans l'ouvrier ?

Si oui, abandonnons nos colonies et vendons-les à nos rivaux qui les convoitent.

Nous avons enfin créé un Ministère des Colonies !

Quand sera-t-il un Ministère de Colonisation, d'immigration française?

Il y a déjà eu, en deux ans, près d'une demi-douzaine de ministres des Colonies (1).

Nos ministres semblent n'être que des parlementaires en mission renouvelable, par semestre. Seulement on ne la renouvelle que trop rarement. Aussi avons-nous eu autant de réorganisations que de ministres.

En outre, par ce temps de graves conflits extérieurs, le ministre des Colonies est absorbé par des préoccupations politiques, par des litiges qui se règlent de concert avec le Département des Affaires étrangères.

Il défendait son champ, il ne pouvait le cultiver.

Néanmoins M. Félix Faure, M. Etienne, M. Delcassé avaient institué une Exposition permanente des Colonies, un centre d'études coloniales sous forme de bibliothèque, de bulletin, enfin un service de renseignements coloniaux.

Les résultats n'ont pas répondu à l'attente générale.

Ce n'est pas ici le lieu d'en rechercher les causes.

Le fait est que le Sénat ayant en 1896 supprimé en partie les crédits, les services ont dû être supprimés.

Or, pendant que les partis se livraient bataille au détriment des colonies, pendant que les secrétaires d'Etat aux colonies tentaient de

(1) Boulanger, Delcassé, Chautemps, Guieysse, André Lebon.

louables mais insuffisants efforts, pour faire connaître nos colonies, la ville de Paris tenait à honneur de recevoir et de fêter nos plus illustres explorateurs. Elle faisait frapper des médailles en leur nom.

Elle créait dans les arrondissements, des cours libres de géographie.

Elle appelait dans les mairies les voyageurs les plus renommés et un auditoire d'élite se pressait pour les entendre et les applaudir.

Ces conférences municipales sont à développer dans tous les arrondissements.

Une notice officielle dit que « le centre d'études coloniales établi au Palais de l'Industrie est un des établissements scientifiques les plus appréciés de la capitale. »

Du moment où c'est imprimé, nous voulons bien le croire. Mais le fait est que cet établissement était trop peu fréquenté et que d'ailleurs il était presque toujours fermé.

L'idée était-elle mauvaise? non, mais elle était mal comprise.

On ignorait l'existence de ce centre, qui a manqué de vitalité propre.

La ville de Paris n'est-elle pas mieux outillée pour donner à cette institution cette vitalité qui lui manquait?

Paris est-il incapable de faire ce qui s'est fait avec succès à Londres, Berlin, Hambourg, Amsterdam, Harlem, etc. ?

La ville ne pourrait-elle pas fournir un local digne d'elle, pour un Office ou Institut colonial,

avec musée, bibliothèque, conférences, bulle-
tins, qu'elle dirigerait de concert avec le Département des Colonies (1), représenté par le Comité consultatif d'agriculture, commerce et industrie qui comprend des délégués des Colonies,
de la Chambre de commerce, etc.

Ce comité a exprimé le vœu de voir adjoin-
dre au musée colonial des galeries spéciales à
l'Algérie et à la Tunisie.

Ce serait en même temps, un *musée commercial.* « On réunirait ainsi dans un même établis-
« sement, l'ensemble des ressources que pré-
« sente le domaine extérieur de la France. »

La *Revue coloniale* serait l'organe officiel de
cette institution.

Cette lacune est d'autant plus frappante pour
la ville de Paris, que l'on constate chaque jour
les avantages qui résultent des musées commerciaux de Bruxelles, de Budapest, d'Allemagne, depuis près de 15 ans ; aussi le ministre du
Commerce songe-t-il à fonder, au Palais-
Royal (2), un établissement analogue sous le
nom « d'*Office du Commerce français.* »

Ni le ministère de la rue de Varenne, ni celui
du quai d'Orsay, ni celui du Pavillon de Flore,
ni la Chambre de commerce, n'ont la place nécessaire pour donner l'unité et la facilité d'accès
à ce genre d'établissement.

A Bruxelles seulement, la moyenne des ren-

(1) Voir la *Politique coloniale* du 1er février 1896.
(2) Juin 1896.

seignements donnés est, par mois, de quatre mille.

A Harlem, le musée colonial est administré par un conseil composé des chefs des grandes maisons de commerce.

Ils versent même 100 francs de cotisation *mensuelle* que nous ne voudrions pas demander aux membres du Comité consultatif du futur musée colonial français.

Les notices avec photographies et les collections de produits sont répandues gratuitement partout, même dans les écoles. Ainsi pénètre dans le public la connaissance des Colonies.

Le musée hollandais se contente de 13.000 fr. de budget, et il donne de bons résultats.

Le nôtre, avec ses 60.000 francs de budget, n'en a pas donné jusqu'ici, sans doute parce que sur ces 60.000 francs, il y en avait 45.000 *absorbés* par le personnel. La contribution des Colonies est de 20.500 francs par an. Cela ne suffit-il pas?

Il faut donc en revenir à la création d'un « Office » qui serait, suivant le rapport de M. Etienne « un centre d'instruction et d'informations coloniales», un moyen de propagande pratique, un lien entre les commerçants de la capitale et ceux des Colonies, entre le colon, le commerçant et l'administrateur, le consul, le département.

Nous sommes très en retard sous ce rapport, alors que depuis 20 ans, notre domaine colonial est passé de 5 millions à 40 millions de sujets ou de protégés français et que nos territoires acquis sont devenus *huit fois grands* comme la France continentale.

La mise en valeur est restée bien au-dessous de la proportion d'accroissement en hommes et en superficie.

Il est temps de s'en préoccuper et d'aménager ce domaine, de le peupler, de l'exploiter.

Les Congrès de géographie ont émis depuis douze ans des vœux pressants pour la diffusion des renseignements coloniaux.

On a proposé de les répandre partout en créant un bureau de renseignements dans les *préfectures*. Mais le Français craint l'immixtion administrative dans ses affaires. Il n'aime pas qu'on contrôle ses actes et encore moins ses projets.

Les bureaux des préfectures ne sont pas assez accessibles aux masses et surtout aux habitants des campagnes.

D'autre part, quel est le chef de bureau qui se fera le propagateur convaincu de ces renseignements délicats ?

Nous pensons donc que c'est dans les *mairies* qu'on doit répandre ces renseignements, dans les écoles, dans les syndicats d'ouvriers ; or, Paris a vingt mairies, de nombreuses écoles, une bourse du travail, des éléments de propagande de toute sorte. Si la municipalité le veut, elle peut exercer une action bien plus directe et plus effective simultanément avec le Département des colonies.

L'établissement à créer a une importance métropolitaine aussi bien que coloniale. C'est un lien entre Paris et la France d'outre-mer.

Laissera-t-on pour la fin du siècle le Palais Royal abandonné et déserté ?

Laissera-t-on le Pavillon de Marsan, en pleine rue de Rivoli, servir de dépôt de vieux chiffons pestilentiels ?

Le beau Paris est déshonoré par ce palais plus répugnant que les ruines de la Cour des Comptes, avec sa forêt et ses nids d'oiseaux.

Et l'hôtel Lavalette qui est libre ?

Et le Pavillon de Flore à installer et à aménager, comme les colonies qui y sont administrées avec une si prudente lenteur.

L'Etat et la Ville ne manquent donc pas de locaux qui peuvent être affectés à ce nouvel établissement d'intérêt public. Les Chambres ne refuseraient pas les crédits nécessaires à leur installation, à frais communs.

Mieux vaut une dépense productive que l'état actuel de délabrement qui est une perte sèche et une tache au milieu du beau Paris. Aussi les étrangers prétendent-ils que nous ne sommes pas colonisateurs. « Le peuple fran« çais, dit M. de Lanessan, a le génie de la « colonisation ; mais nos gouvernants, malgré « leurs multiples déclarations, semblent en être « dépourvus. »

Il est grand temps de donner satisfaction à l'opinion publique, qui demande des mesures pratiques pour le peuplement et la mise en valeur de nos colonies.

Ces mesures nous les avons exposées anté-
rieurement dans des conférences à Paris et
dans des publications (1).

Nous avons vu récemment des adversaires
ardents de l'expansion coloniale, comme Mes-
sieurs Rochefort, Gérault-Richard, et autres,
proposer aux pouvoirs publics de donner des
concessions de terres aux soldats expéditionnaires et à leurs familles.

Ces familles, c'est à leur municipalité qu'elles
s'adressent. Celles-ci ne feront-elles rien pour
leurs administrés ?

Dans sa dernière session, le Conseil municipal a voté une subvention de 4.000 francs à l'un
de nos confrères pour aller à Madagascar étudier
les voies et moyens de la colonisation familiale.

C'est là un premier pas dont il faut féliciter
nos édiles. Nous devons leur en être recon-
naissants et les encourager à élargir les facilités
à donner aux Français qui veulent aller peupler
et mettre en valeur nos colonies.

N'est-il pas étrange à propos de Madagascar
de voir les pouvoirs dirigeants exiger des colons
volontaires : 1° le dépôt en banque d'une somme
de 5.000 francs ; 2° l'obligation de faire connaître à l'Administration siégeant au Pavillon
de Flore « la situation exacte et la nature du

---

(1) Voir : *Les Colonies et la question sociale. — Le
peuplement des Colonies. — Revue des Colonies. —
Bulletin de la Société de géographie commerciale
de Paris.*

terrain dont la concession est demandée ». Mais pour cela il faut aller préalablement à Madagascar avec un arpenteur et en revenir avec le plan à fournir aux bureaux du « coin du quai ». C'est un comble ! N'est-ce pas à l'Administration, qui a des agents civils à Madagascar, à renseigner d'abord le colon sur la situation et la nature des terrains disponibles et ouverts à la colonisation ? Ce qu'il y a de plus déplorable, c'est que ces formalités ne sont pas édictées pour les *colons étrangers* qui d'ailleurs échappent à toutes ces formalités et se prévalent, sans contrôle, du droit du premier occupant. Il y a là une entrave que nous espérons voir lever par un esprit aussi pratique et aussi éclairé que M. André Lebon. Il n'est que temps *d'encourager l'immigration de nos nationaux* dans notre nouvelle colonie de l'Océan Indien.

Ce qui rend le rôle de la ville de Paris dans la colonisation si prépondérant, c'est que nulle autre administration ne présente d'éléments de colonisation comparables aux siens. Elle possède des orphelinats, des colonies agricoles, où ses pupilles sont des professionnels de la colonisation lorsqu'ils arrivent à 21 ans.

Les bureaux de bienfaisance de la Seine assistent chaque année 125.000 personnes. Ils distribuent des secours à 50.000 ménages.

Et qu'on ne croie pas que ces 50.000 familles ne soient composées que d'invalides et de paresseux. Beaucoup sortiraient de leur misère si on leur donnait du travail aux colonies.

Si l'on aidait seulement 10.000 de ces familles, on ne serait pas obligé de renouveler en leur faveur, de mois en mois, le maigre secours qui reste sans utilité pour l'avenir.

En France, on compte par an 15.000 orphelins et 80.000 enfants trouvés ou abandonnés. Or, la ville qui entretient le plus d'enfants, c'est la ville de Paris : Elle en a 36.372 âgés de 1 jour à 21 ans.

Ces petits enfants sont ses pupilles. Ils lui coûtent, bon an mal an, 8 millions d'entretien (décembre 1895).

Si saint Vincent de Paul revenait, il verrait que son œuvre a porté ses fruits. On l'imite. On ramasse les pauvres petits qui tombent des débiles mains maternelles, les orphelins dont les parents sont morts — et ceux plus à plaindre peut-être — les orphelins dont les parents sont vivants.

Où les trouve-t-elle, la Ville de Paris, ces sans-famille ? Dans la rue, en la maison d'où la police emmena les parents, à son bureau des enfants assistés où l'abandon administratif a remplacé le tour.

Chaque année, la cueillette de ces pauvres êtres est d'environ 5.000. Pour 1894, d'après le remarquable rapport de M. Paul Strauss, le nombre des abandonnés s'est élevé à 4.878.

Sur ce nombre, il y a 325 enfants trouvés, 4.104 enfants abandonnés, — dont 3.709 abandonnés directement à l'hospice, — 449 orphelins.

La Ville de Paris en fait des agriculteurs, des artisans, de bons soldats. Avant l'âge de leur majorité, ces enfants ont placé à la caisse d'épargne environ 2.5oo.ooo francs.

N'y a-t-il pas là une intéressante pépinière de colons ?

On s'effraie parfois des débuts de ces colons volontaires. Et à ce propos, je rappellerai le cas cité par Edmond About. Il nous racontait l'histoire de la fondation d'un village en Algérie, il y a vingt-cinq ans :

Un pâle laboureur, qui était un Parisien, traçait mélancoliquement un sillon de sa charrue, pendant que sa compagne l'abritait d'une ombrelle rose, et de temps à autre lui lisait quelques pages de Paul de Kock. C'était champêtre et parisien à la fois.

Un des premiers établissements de ce village fut une salle de bal. Aux colonies, les Anglais commencent, dit-on, par une banque, les Espagnols par une église, les Français par un café. Là, c'était mieux, puisqu'on y dansait aussi.

Celui qui se reposait de son rude labeur en écoutant Paul de Kock, trouva bientôt qu'il valait mieux planter un vignoble. Il est aujourd'hui l'un des plus riches vignerons de sa région, et un village très prospère a remplacé le sillon si singulièrement tracé par le premier occupant.

J'ai vu aussi des colons débutants se décourager et abandonner leurs récoltes. Ils étaient bijoutiers en chambre et trouvaient la terre trop basse pour leur échine. De solides Alsaciens les ont remplacés et ces concessions font vivre facilement ceux qui y ont repris le travail interrompu.

La colonisation, c'est le *struggle for life*; il y a donc forcément une sélection. Elle se fait d'elle-même. A celui qui a essuyé les plâtres succède un plus vaillant ou un plus habile qui réussit et grandit.

Evidemment, il ne s'agit pas de mendiants, de vagabonds, de gens livrés à eux-mêmes *sans aucune ressource*. Il s'agit de colons *atdés de subsides* ainsi que les Anglais, les Américains l'ont fait pour leurs colonies et pour les pays qu'ils ont peuplés et colonisés. Ce ne sont pas des *capitalistes* qu'ils ont expédiés par milliers dans ces pays nouveaux.

Nous avons à peupler :

Madagascar,

La Calédonie,

Le Tonkin, l'Annam et le Laos,

La Tunisie,

L'Algérie.

Que la presse française et la presse coloniale nous aident largement pour aboutir à ce résultat.

Le bureau du Syndicat des organes coloniaux vient d'être renouvelé. Nous sommes persuadés que son président, **M.** P. Vivien, ses vice-présidents et ses membres useront de toute leur influence pour plaider la cause des colons français et donner la vitalité nécessaire à nos colonies de peuplement.

Comme ressources, des avances pourraient être faites par le département des colonies, la ville de Paris, les communes, l'assistance publique, les banques coloniales, les chambres d'agriculture, les chambres de commerce, les chambres consultatives d'arts et manufactures, etc.

Nous avons exposé déjà toute l'économie financière du projet. Est-il donc irréalisable ? Nous proposions le *sou des colons*. Le sou par mois et par tête, c'est le levier qui soulèverait le monde. Ce levier est entre les mains des Municipalités et des Bureaux d'assistance publique.

En ce qui concerne le musée colonial, il est alimenté par les subventions du ministère des colonies et de chaque colonie. Il y aurait lieu d'y ajouter une subvention de la ville de Paris, de la chambre de commerce, de la banque coloniale.

Nous avons montré quel avait été jusqu'ici le rôle de la ville de Paris dans la colonisation.

La ville peut et doit, selon nous, accentuer et étendre ce rôle. Son initiative, basée sur les facilités qui lui seraient données par les pouvoirs publics, aurait l'approbation de ses administrés et de tous les Français.

Elle améliorerait leur état social au profit des citoyens et de la nation entière.

Pour cela, elle pourrait créer à l'hôtel de ville un *Bureau de colonisation* qui répondrait aux demandes de ses ressortissants, qui ferait pour eux toutes les démarches. La ville les aiderait de quelques subsides. Elle prendrait en mains le musée colonial et en ferait véritablement un centre d'études coloniales, avec le concours du département des colonies, des sociétés de géographie, des chambres de commerce, des banques coloniales, etc.

Ce projet paraît mériter d'être étudié par nos édiles. Son application pourrait avoir les plus heureuses conséquences pour le peuplement de nos colonies, pour leur mise en valeur, pour l'amélioration sociale du sort des pupilles de la ville, de ceux qui veulent l'assistance par le travail, par la colonisation. On empêcherait quelquefois les masses démocratiques de dégénérer en société démagogique. On rendrait enfin, à la France continentale, à la France d'outre-mer et à l'agglomération parisienne, des services tels que la municipalité pourrait s'en faire gloire et mériter la reconnaissance de la patrie.

En conséquence, nous soumettons à l'examen du Conseil, avec l'exposé des motifs, le projet de résolution qui suit :

Considérant que la question coloniale est l'un des corollaires de la question sociale ;

Que les municipalités, et en premier lieu celle de la capitale, ne sauraient rester étrangères aux mesures pratiques à prendre relativement au peuplement et à la mise en valeur de nos colonies par nos concitoyens ;

Que la ville de Paris, par la solennelle réception faite aux principaux explorateurs français, par la création de cours de géographie dans les arrondissements de Paris, par les nombreuses conférences coloniales données dans les mairies, a montré quel puissant intérêt elle attachait à nos possessions extérieures ;

Que le « centre d'instruction coloniale » du Palais de l'Industrie, qui était « l'un des établissements scientifiques les plus appréciés de la capitale », a été provisoirement supprimé ;

Que Paris est ainsi dépourvu de musées commerciaux et coloniaux qui donnent de si précieux résultats dans les grandes villes à l'étranger ;

Qu'il y a lieu de réunir dans un même établissement, à Paris, l'ensemble des ressources que présente le nouveau domaine extérieur de la France ;

Que, depuis plus de douze ans, des vœux pressants ont été émis dans tous les congrès des sociétés de géographie, d'études coloniales, économiques et sociales, en vue d'une plus grande diffusion des renseignements coloniaux ;

Que cette diffusion semble devoir se faire plus efficacement par les municipalités et dans les mairies que par l'administration et dans les préfectures ; que cette propagande peut s'exercer dans les écoles, les associations ouvrières, etc.;

Que la ville entretient à grands frais (8 millions) des orphelinats, des colonies agricoles, des œuvres d'assistance publique de tout genre ;

Qu'elle secourt annuellement plus de 130.000 individus, qu'elle élève près de 37.000 pupilles aptes à faire, à leur majorité, une pépinière de professionnels de la colonisation ;

Que la colonisation par l'assistance ou l'assistance par la colonisation, c'est-à-dire par le travail, ne doit pas s'appliquer à des impotents, des paresseux ou des vagabonds ; mais qu'il s'agit d'aider par tous les moyens et par des subsides, les assistés valides qui veulent employer leur capital-bras à l'exploitation du champ colonial en friches ;

Vu le vote récent du Conseil municipal, allouant une subvention destinée à la colonisation de Madagascar en faveur de citoyens du département de la Seine ;

Vu le projet de création d'une commission municipale du travail ;

Le Conseil met à son ordre du jour le projet de résolution qui suit :

« La ville de Paris affectera au musée colonial et commercial et ses annexes un local central ;

« Des subsides seront, s'il y a lieu, accordés aux candidats colons du département de laSeine ;

« Un *bureau municipal de colonisation* leur facilitera les démarches à faire pour obtenir des concessions de terres, des passages sur mer et sur terre, et autres moyens d'établissement ;

« Une entente interviendra sur ces questions entre la ville de Paris et les pouvoirs spéciaux compétents ».

En admettant en principe ce projet de résolution et en le faisant aboutir, le Conseil
donnera satisfaction à l'opinion publique. Il y
a, en effet, unanimité dans la presse, dans les
sphères commerciales, dans toutes les classes
de la société, pour provoquer le peuplement et
la mise en valeur de notre domaine par nos
nationaux.

Le Conseil répondra donc à un besoin
public et fera un acte de bonne politique et de
bonne administration.

Ch. LEMIRE,

Résident honoraire de France.

Beauvais. — Imprimerie Professionnelle 4, rue Nicolas-Godin.

www.ingramcontent.com/pod-product-compliance
Lightning Source LLC
Chambersburg PA
CBHW071404030726
47594CB00002B/835